S0-BXW-624

Animales acorazados

Animales acorazados 123

Lola M. Schaefer

Traducción de Patricia Cano

Heinemann Library

Chicago, Illinois

Published by Heinemann Library,
an imprint of Reed Educational & Professional Publishing,
Chicago, Illinois

Customer Service 888-454-2279
Visit our website at www.heinemannlibrary.com

Designed by Sue Emerson, Heinemann Library
Printed and bound in the U.S.A. by Lake Book

06 05 04 03 02
10 9 8 7 6 5 4 3 2 1

Library of Congress Cataloging-in-Publication Data
Schaefer, Lola M.,1950-
[Musty-crusty 123. Spanish]
Animales acorazados 123 / Lola Schaefer.
p. cm. — (Animales acorazados)
Summary: A counting book featuring a variety of crustaceans.
ISBN: 1-58810-859-7 (HC), 1-58810-821-X (Pbk.)
1. Counting—Juvenile literature. 2. Crustacea—Juvenile literature. 3. Sea horses—Juvenile literature.
4. Limulus polphemus—Juvenile literature. [1. Crustaceans. 2. Counting. 3. Spanish language materials.] I. Title.
QA113. S37817 2002
513.2'11—dc21
[[E]]
2001039946

Acknowledgments
The author and publishers are grateful to the following for permission to reproduce copyright material:
p. 3 E. R. Degginger/Color Pic, Inc.; p. 5 Jane Burton/Bruce Coleman Inc.; p. 7 David Liebman; p. 9 Gary Meszaros/Bruce Coleman Inc.; p. 11 Jeff Rotman Photography; p. 13 Doug Perrine/Jeff Rotman Photography; p. 15 David Wrobel/Visuals Unlimited; p. 17 Rudie Kuiter/Seapics.com; p. 19 William S. Ormerod, Jr./Visuals Unlimited; p. 21 H. W. Robinson/Visuals Unlimited; p. 22 Dwight Kuhn

Cover photographs courtesy of (L–R): John G. Shedd Aquarium/Visuals Unlimited; Jane Burton/Bruce Coleman Inc.; David Wrobel/Visuals Unlimited

Every effort has been made to contact copyright holders of any material reproduced in this book. Any omissions will be rectified in subsequent printings if notice is given to the publisher.

Special thanks to our bilinual advisory panel for their help in the preparation of this book:

Aurora García
Literacy Specialist
Northside Independent School District
San Antonio, TX

Argentina Palacios
Docent
Bronx Zoo
New York, NY

Ursula Sexton
Researcher, WestEd
San Ramon, CA

Laura Tapia
Reading Specialist
Emiliano Zapata Academy
Chicago, IL

Special thanks to Dr. Randy Kochevar of the Monterey Bay Aquarium for his help in the preparation of this book.

Unas palabras están en negrita, **así**.
Las encontrarás en el glosario en fotos de la página 23.

Uno 1

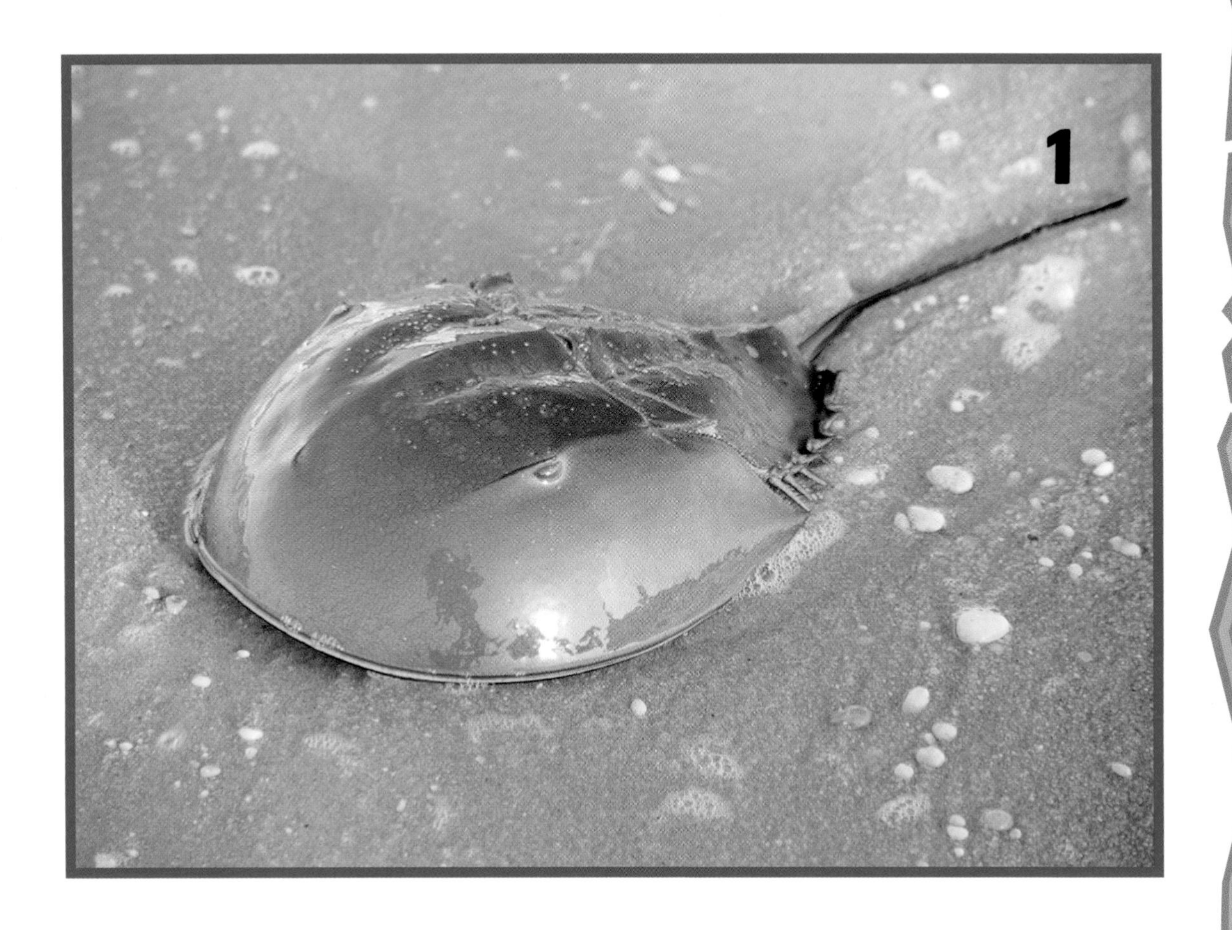

El cangrejo bayoneta tiene una cola larga y puntiaguda.

Dos 2

La langosta tiene dos **pinzas** grandes.

Las pinzas agarran, rasgan y cortan peces o cangrejos.

1
2

Tres 3

Tres cangrejos ermitaños comen **algas.**

1
2
3

Cuatro 4

El cangrejo de río
tiene cuatro **antenas**
en la cabeza.

1
2
3
4

Cinco 5

En una mano caben
cinco crías de langosta.

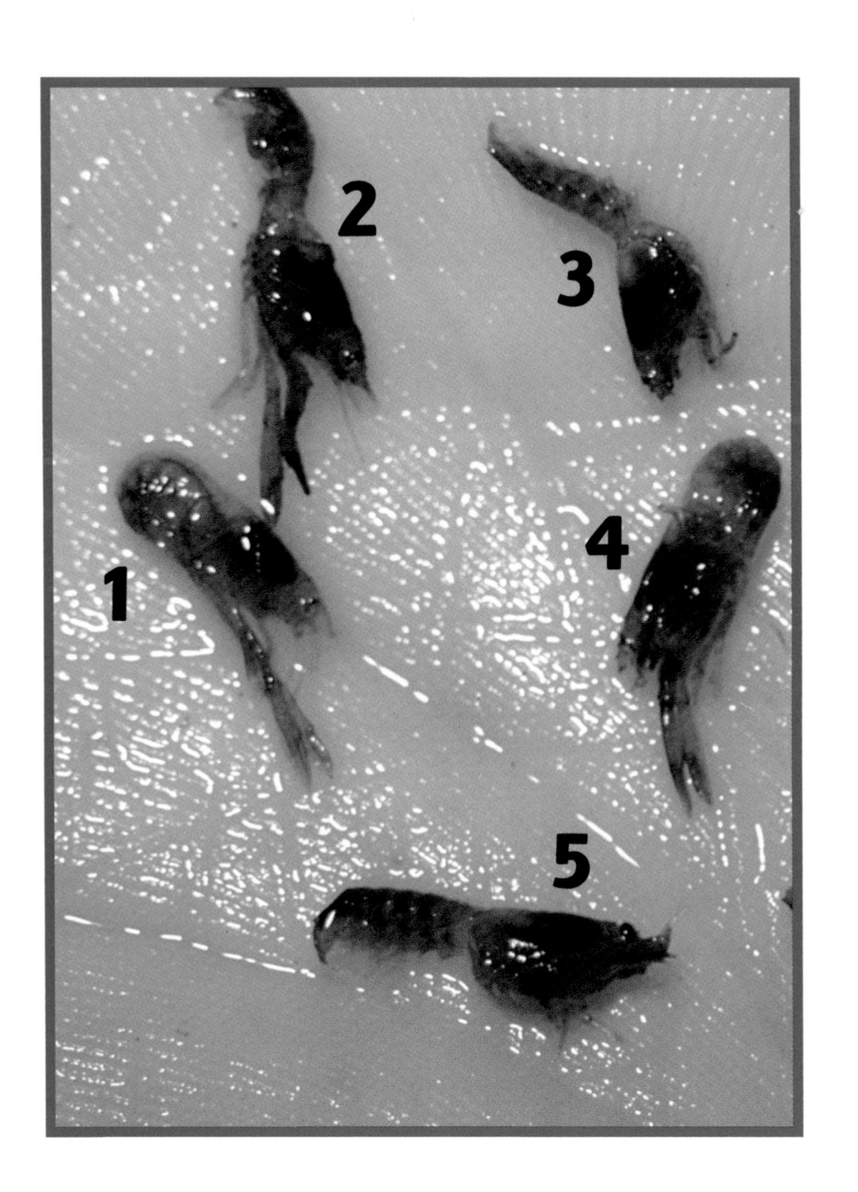
2
3
4
1
5

Seis 6

Seis langostas caminan
por el fondo del mar.

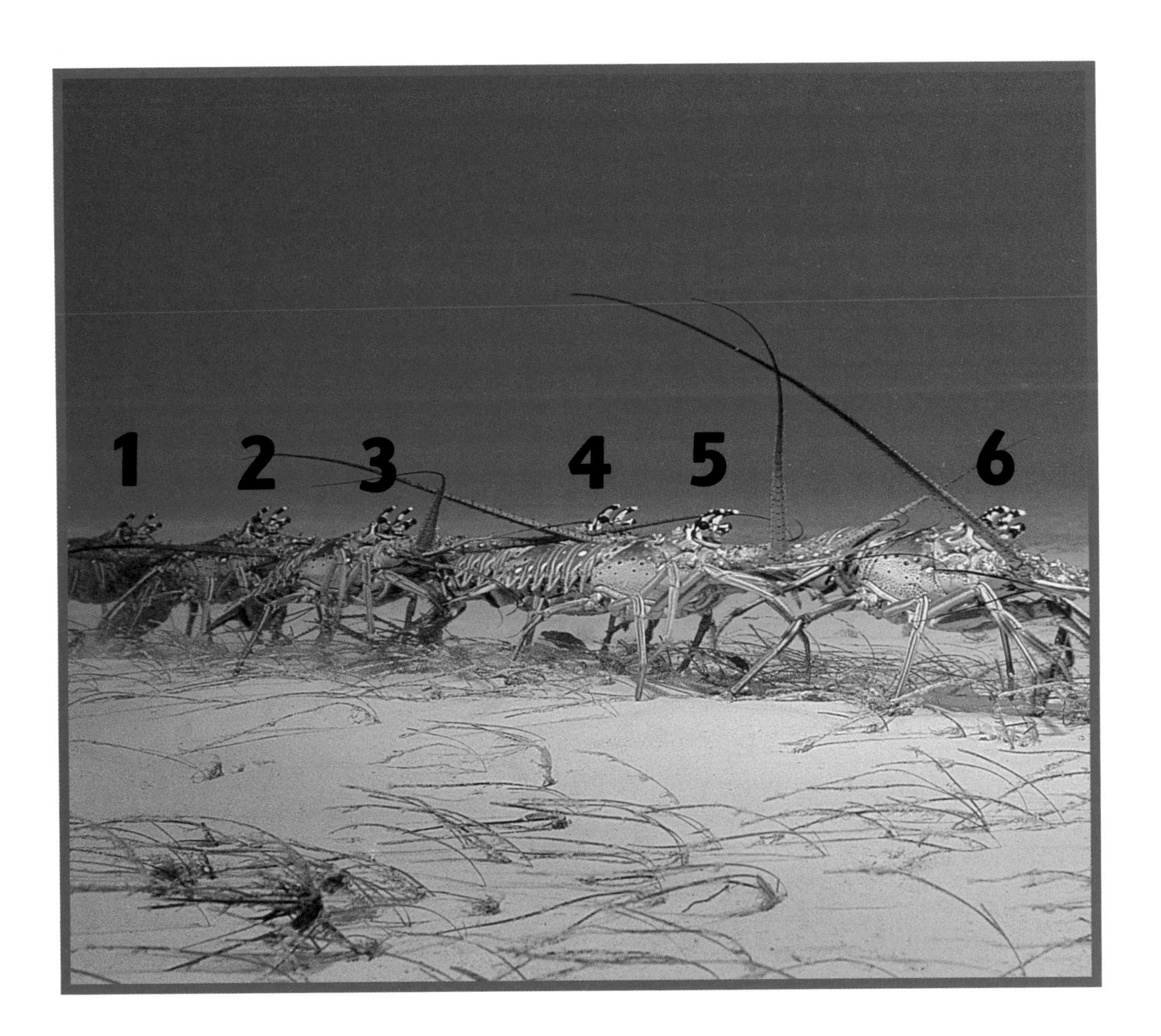
1
2
3
4
5
6

Siete 7

Estos siete cangrejos ermitaños cargan conchas distintas.

2
4
3
5
6
1
7

Ocho 8

Ocho crías de caballito
de mar nadan en el mar.

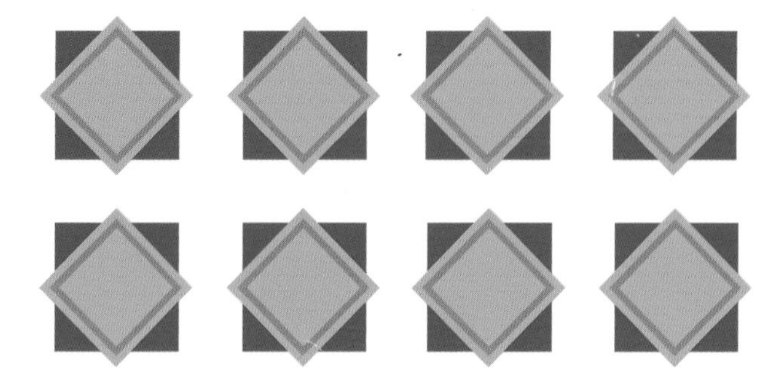

2
1
3
5
6
4
7
8

Nueve 9

Nueve bellotas de mar
esperan que una ola
les lleve alimento.

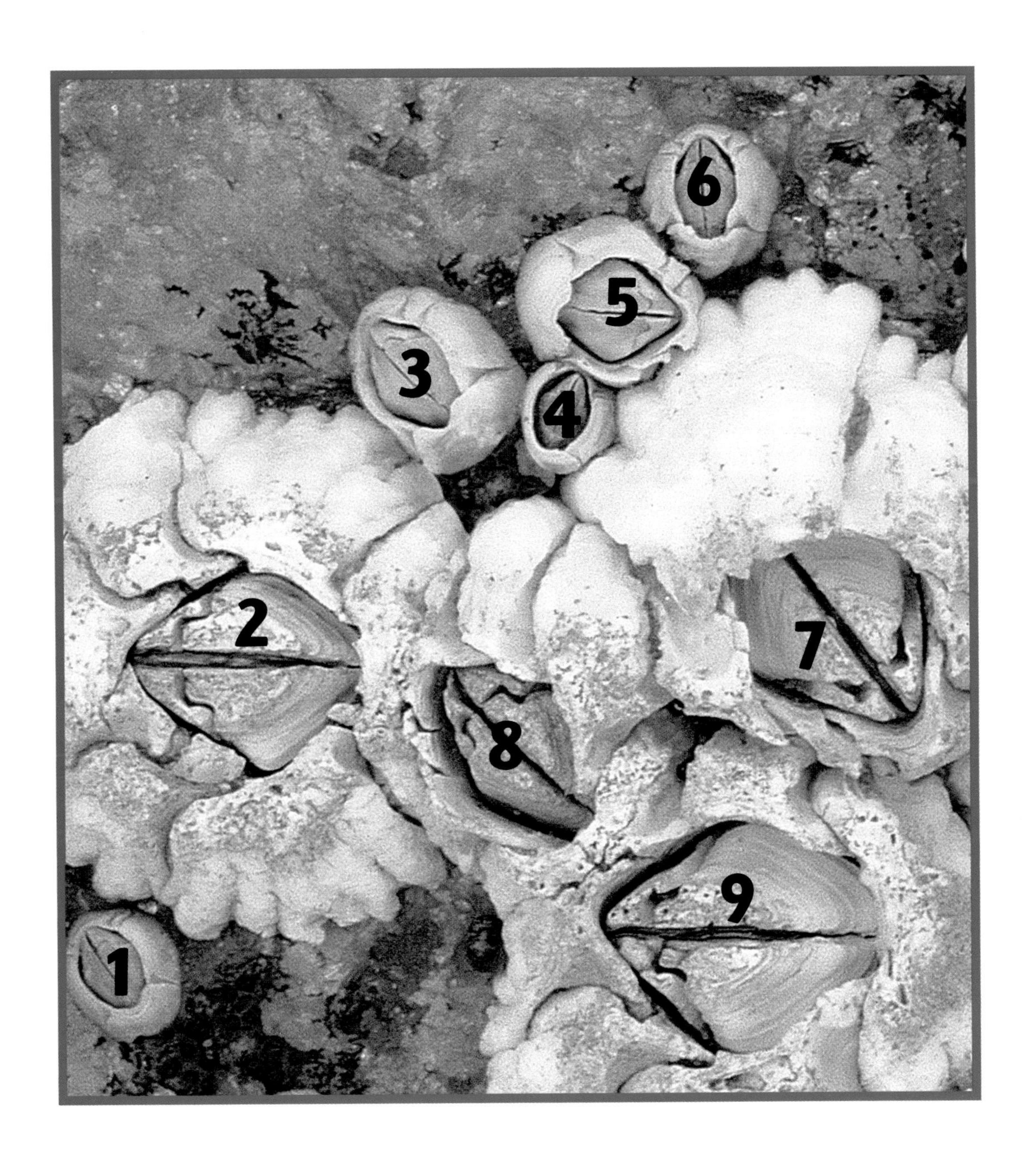
6
5
3
4
2
7
8
9
1

Diez 10

El cangrejo de río tiene diez patas.

Dos patas tienen **pinzas** y ocho patas caminan.

1
2
3
4
5
6
7
8
9
10

¡Mira bien!

¿Cuántos cangrejos bayoneta ves en la playa?

Busca la respuesta en la página 24.

Glosario en fotos

antena
páginas 8–9

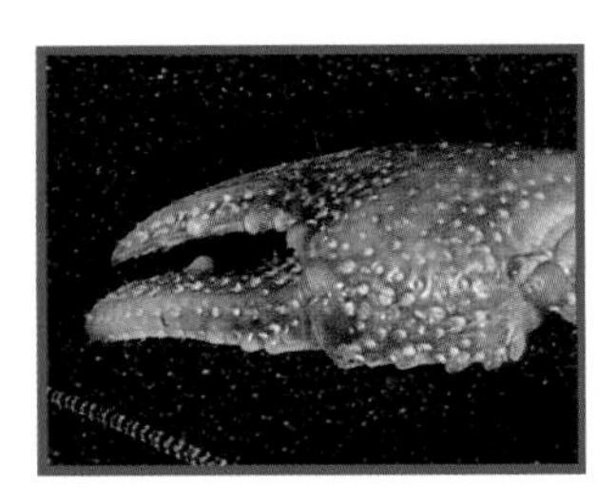

pinza
páginas 4–5, 20–21

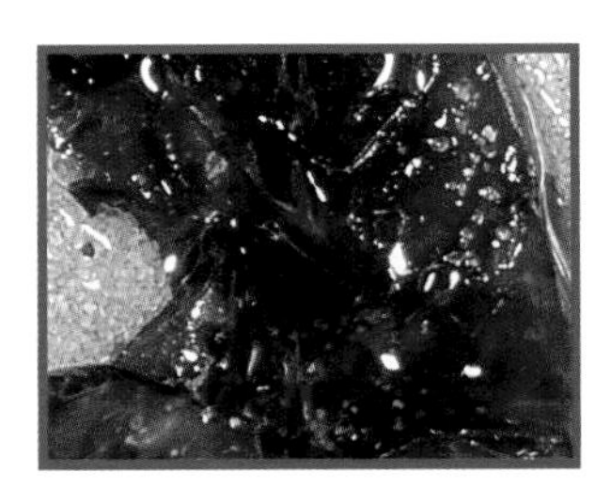

algas
páginas 6–7

Nota a padres y maestros

Este libro permite a los niños practicar conceptos matemáticos básicos a la vez que aprenden datos interesantes sobre animales resbalosos. Ayude a los niños a ver la relación entre los números 1 a 10 y los bloques de iconos que aparecen en la parte inferior de las páginas. Para ampliar el concepto, dibuje diez "bloques" en una cartulina y recórtelos. Lean juntos *Animales acorazados 123* y a medida que lee pida que coloquen la cantidad correspondiente de "bloques" sobre la foto. Esta actividad también se puede realizar con objetos manipulables, como frijoles o bloques pequeños de plástico.

! PRECAUCIÓN: Recuérdeles a los niños que no deben tocar animales silvestres. Los niños deben lavarse las manos con agua y jabón después de tocar cualquier animal.

Índice

Respuesta de la página 22
En la playa hay diez cangrejos bayoneta.